Birgit Utermarck

Bald ist Weihnachten

Wir basteln mit Papier & Filz

Creativ Compact

CHRISTOPHORUS

Inhalt

Weihnachtszeit

Wenn plötzlich Rentiere durch das Wohnzimmer traben und überall zarte Engel und bärtige Weihnachtsmänner erscheinen, dann ist wieder Vorweihnachtszeit. Eine Zeit, die besonders zum Werken und Basteln einlädt. Viele Anregungen dazu gibt das vorliegende Buch:

Transparente Windlichter leuchten vor dunklen Fenstern, das Engel-Klangspiel schafft eine verzauberte Atmosphäre, ein Hampel-Elch läutet die Bescherung ein und ein niedliches Wichtelpaar beobachtet das weihnachtliche Treiben. Natürlich werden Sie auch Karten, Geschenkanhänger, Schachteln und Türschmuck finden.

Bei sehr vielen Motiven gilt: Filz ist Trend! Auch wenn als Grundlage häufig der Werkstoff Papier verwendet wird, kommt Filz in vielen Gestaltungsformen zum dekorativen Einsatz.

Eine wunderbare Vorweihnachtszeit wünscht Ihnen

Wichtel-Pärchen

Material

- Tonkarton in Beige, Rot, Blau
- Streifen-Tonkarton in Rotweiß
- Wellpappe mit Sternendruck in Rot, Blau
- pro Figur 23 cm Strickschlauch in Rotweiß, 3 cm breit
- Bast in Hellgelb
- 2 Holzkugeln in Rot, 10 mm Ø
- 2 Knöpfe in Rot, 14 mm Ø
- Gummifaden
- Filzstift in Schwarz, Rot
- Buntstift in Rot
- 40 cm Karoband, 5 mm breit
- 2 Glöckchen, 15 mm Ø

Vorlagen A1 – A4

Anleitung Seite 5

Weihnachtsgrüße

Material

- Doppelkarten (12 x 18 cm) in Gelb, Grün
- Tonkarton in Weiß, Beige, Orange, Ocker, Pink, Rot, Blau, Gelbgrün, Hellgrün, Mittelgrün, Dunkelgrün
- Satinband in Türkis, 5 mm breit
- Satinband in Gelb, Rot, 3 mm breit
- Sternenknopf in Gelb, 1,5 cm Ø
- Nähfaden

Vorlagen B1 - B2

Tannenbaum

Den Baum aus fünf Zweigen in unterschiedlichen Grüntönen zusammensetzen und auf die Karte kleben. Zwei kleine Pakete mit schmalem Band umwickeln. Das größere Paket (aufgeklappt eine Karte) am Bruch falzen, falten und vier Schlitze (siehe Vorlagebogen) einritzen. Ein Band von etwa 42 cm Länge durch die Schlitze hindurchziehen und die Klappkarte vor den Baum kleben (siehe kleines Foto). Einen Weihnachtsgruß hineinschreiben und das „Paket" mit einer Schleife zubinden.

Weihnachtsmann

Die Figur aus der Grundform, Stiefeln, Backenbart, Gesicht, Schnurrbart, Nase und Pelzbesatz zusammenfügen. Das Gesicht zeichnen und auf Taillenhöhe einen Schlitz einritzen (siehe Vorlagebogen). Den Knopf anknoten. Die „Schriftrolle" von hinten durch den Schlitz schieben, an der oberen Kante den einen weißen Streifen befestigen. Den zweiten Streifen etwas unterhalb des Schlitzes ankleben und beide Hände ergänzen. Die Figur nur an Kopf und Stiefeln auf der Karte fixieren und die Schriftrolle mit einem Gruß versehen.

Adventskalender

Material

- Bastelfilz in Weiß, Rot, Pink, Hellviolett, Dunkelviolett, Lavendel
- Modellierfilz in Weiß
- Chenilledraht in Weiß
- Glitter-Paste in Gold
- Zackenschere

Vorlagen C1 – C4

1 Zipfelmützen aus Bastelfilz in verschiedenen Rot- und Violetttönen zuschneiden (Vorlage C1). Alle Mützen an der Klebelasche mit Weißleim zusammenfügen und dabei an der Spitze eine kleine Öffnung lassen.

2 Für jede Mütze einen Chenilledraht (Länge 50 cm) zu einem Ring von etwa 8 cm Durchmesser drehen, den Anfang festschlingen, das verbleibende lange Endstück hochführen und mit der Spitze durch die Zipfelöffnung ziehen (siehe Zeichnung C2). Den unteren Filzrand nach innen schlagen, um den Chenillering herumlegen und am Mützeninnenrand festkleben.

3 Für jede Mütze einen Pelzbesatz aus weißem Filz anfertigen (Vorlage C3). Dabei die Randabschlüsse variieren: glatter Rand, gezackter Rand, Zähnchenrand (Zackenschere). An einigen Rändern mit Glitter-Paste einfache Muster aufmalen. Den Pelzbesatz um die Mütze herumlegen und nur den unteren Ring etwas befestigen.

4 Die doppelt geschnittenen Sterne aus weißem Modellierfilz (Vorlage C4) mit Zahlen aus Glitterpaste versehen und am oberen Ende des Chenilledrahtes anbringen.

23
12
20
18
7
5

Nikolaus & Schneemann

Material

- Tonkarton in Weiß, Beige, Grün, Rot
- Streifen-Tonkarton in Blauweiß, Rotweiß
- Feinwellpappe in Weiß
- Modellierfilz in Rot, Blau
- Chenilledraht „Extra Plüsch" in Weiß, Rot
- Holzkugeln in Rot, Orange, 10 mm Ø
- Knopf in Rot, Weiß, 14 mm Ø
- 30 cm Atlasband in Rot, Blau, 5 mm breit
- Gewebeband oder Klebefilm
- Filzstift in Schwarz
- Buntstift in Rot

Vorlagen D1 - D2

Nikolaus

1 Die Nikolausgrundform jeweils einmal aus rotem Modellierfilz und aus rotem Tonkarton schneiden. Handschuhe, Stiefel und Stulpen doppelt aus Tonkarton bzw. Feinwellpappe herstellen, Pelzbesatz einfach anfertigen. Auf die Filzfigur nacheinander den gestreiften Schal, das Gesicht und den Bart kleben. Die Gesichtslinien malen, eine halbe Holzkugel als Nase fixieren.

2 An Mütze und Mantel den Pelzbesatz und einen Bommel anbringen. Rechts und links eine Tasche ergänzen, jeweils um den seitlichen Mantelrand herumlegen und beidseitig befestigen. Einen Tannenzweig dekorieren und einen Knopf anknoten.

3 Für die Arme 18 cm Chenilledraht, für die Beine 15,5 cm abmessen. Die Enden jeweils zwischen die doppelten Handschuhe bzw. Stiefel kleben. Arme und Beine auf der Rückseite der Figur befestigen (Weißleim oder Klebefilm) und die Tonkartonform gegenkleben.

Schneemann

Bauch und Kopf des Schneemannes doppelt, den Mantel einfach aus weißem Tonkarton schneiden. Handschuh und Stiefel aus Modellierfilz und Stulpen aus Tonkarton doppelt anfertigen. Am Körper Mantel, Schal und Kopf anbringen, das Gesicht gestalten und einen Hut aus Modellierfilz aufsetzen. Arme und Beine wie oben beschrieben herstellen und befestigen. Rückseitig mit dem zweiten Kopf- und Körperteil abdecken.

Windlichter

Material

- Tonpapier in Weiß
- Transparentpapier „extra stark" in Gelb, Rot, Grün
- Glitter-Paste in Rot, Gold, Grün

Vorlagen E1 - E4

1 Aus weißem Tonkarton 3 Streifen von je 37 cm Länge und 14 cm Höhe zuschneiden. Darauf jeweils 4 Felder von 9 cm Breite markieren und falzen (Vorlage E1).

2 Für jede Laterne das entsprechende Sternen- oder Tannenbaummotiv auf die Rückseite der Felder zeichnen, die Kontur einschneiden (Grafikermesser) und die Mittellinie falzen. Die halben Motive nach außen umklappen und nachstreichen. Die Laternenkanten falten und an der Klebelasche zusammenfügen.

3 Aus Transparentpapier in den entsprechenden Farben drei Streifen von 37 x 13,5 cm zuschneiden, darauf wieder 9 cm breite Felder markieren, falzen und falten. Die transparenten Vierecke zusammenkleben, in die Laternen stellen und fixieren.

Weihnachtsmann

Material

- Tonkarton in Rot, Weiß, Beige, Mittelgrün, Hellgrün, Gelb
- Karo-Tonkarton in Rotweiß
- Wellpappe in Hellbraun
- Krepppapier in Gold
- Modellierfilz in Rot
- Bastelfilz in Hellgrün
- Pompon in Weiß, 25 mm Ø
- Pompon in Rot, 15 mm Ø
- 30 cm Atlasband in Rot, 8 mm breit
- Chenilledraht in Gold
- Streusterne in Gold
- Knopf in Weiß, 18 mm Ø
- Filzstift in Schwarz, Rot
- Motivlocher: Stern

Vorlagen F1 - F2

1 Grundform aus rotem Tonkarton schneiden und mit Modellierfilz bekleben. Alle weiteren Bildteile doppelt aus Tonkarton (Stiefel und Hände: gelb; Schal: hellgrün) bzw. Wellpappe schneiden.

2 Das Gesicht auf die Figur kleben, Augen und Wangen malen. Den Backenbart nur an der oberen Kante, den Schnurrbart nur in der Mitte befestigen. Dann den Mund malen und einen Nasenpompon anbringen. Einen Arm ergänzen. Für die Tasche einen Schlitz einritzen und den Rand mit schwarzem Filzstift betonen.

3 An Mütze und Mantel den karierten Pelzbesatz und einen Pompon als Bommel anbringen. Die zwei Tannenbäume aus den Zweigen zusammenfügen und mit kleinen Goldsternen bekleben. Die Spitze des großen Baumes mit einem Stern aus goldenem Chenilledraht (Zeichnung F2) und den mittleren Zweig mit einem Stern aus rotem Modellierfilz (Motivlocher) schmücken. Den Baum in einen Blumentopf stecken und alles dem Weihnachtsmann in den Arm geben (Position siehe Vorlagebogen).

4 Handschuh und Stiefel mit goldenem Krepppapier, Schal mit hellgrünem Filz bekleben und alles an der Figur anbringen. Die Rückseite (Tonkarton) gegengleich bekleben und ein rotes Band um den Blumentopf knoten.

Hampel-Elch

Material

- Tonkarton in Beige, Ocker, Dunkelbraun, Türkisblau, Dunkelblau
- Tonpapierrest in Weiß
- Streifen-Tonkarton in Rotweiß
- Karo-Tonkarton in Grünweiß
- Modellierfilz in Rot
- Filz in Rot
- Plüschpompon in Rot, 20 mm Ø
- Knopf in Rot, 20 mm Ø
- Bast in Orange
- 2 Musterbeutel-Klammern
- 14 cm Baumwollband, 3 mm breit
- Filzstift in Schwarz
- Buntstift in Rot
- Baumwollschnur
- Gewebeband
- Lochzange
- dicke Stopfnadel

Vorlagen G1 - G2

1 Die Grundform einmal aus ockerfarbenem Tonkarton schneiden. Darauf die Hose aus Modellierfilz, den Kopf und das Hemd aus Tonkarton kleben. Einen Knopf anknoten.

2 Das Gesicht gestalten: Die Augen aus Tonpapier anbringen, Pupillen und Schnauze mit schwarzem Filzstift zeichnen. Die Wangen mit Buntstift betonen und einen Nasenpompon aufkleben. Das Geweih auf der Rückseite fixieren, in der Mitte Stirnfransen aus Bast anknoten.

3 Arme und Beine, Hände und Schuhe jeweils doppelt schneiden und aufeinander kleben (aus Stabilitätsgründen). Den rechten Arm auf den Körper kleben, das linke Bein an der Rückseite anbringen. In die verbleibenden Teile größere Löcher einstanzen, die kleineren mit der Nadel durchstechen. Den linken Arm und das rechte Bein mit Hilfe von Musterbeutelklammern von der Rückseite aus anbringen, Hände und Füße ergänzen.

4 Die Schnüre spannen (Zeichnung G2): Zunächst die beiden quer laufenden Fäden anknoten und jeweils an einer Seite mit Gewebeband festkleben, dann die längs verlaufende Zugschnur (etwa 40 cm) an die Querfäden knüpfen.

5 Einen roten Filzstreifen (30 x 3,5 cm) anfertigen, Fransen einschneiden und als Schal umknoten. Zuletzt die große Glocke mit einem schmalen Stoffband an der linken Hand festbinden.

Weihnachtliche Dosen

Material

- ovale Spanschachtel, 9 x 12 cm
- runde Spanschachtel, 9 cm ∅
- Tonkarton in Weiß, Beige
- Modellierfilz in Rot, Weiß, Blau
- Stretchwellpappe in Weiß, Blau
- Pluster-Pen in Weiß, Rot
- Filzstift in Schwarz
- Buntstift in Rot
- Bastelfarbe in Weiß, Rot

Vorlagen H1 - H3

Schneemann

Schachtel und Deckelrand mit weißer Bastelfarbe bemalen und trocknen lassen. Deckel mit weißem Tonkarton bekleben, Augen und Mund mit Filzstift zeichnen, Wangen mit Buntstift betonen. Mütze, Schal, Nasendreieck (Vorlagen H2) und 3 Streifen (0,5 x 6 cm lang) für den Bommel aus Modellierfilz zuschneiden. Mütze aufkleben, Schalrand rechts ebenfalls. Links etwas einschneiden, umklappen und am Dosenrand befestigen. Nasendreieck anfeuchten, aufrollen, hoch biegen und trocknen lassen. Dann zusammengeklebt auf dem Gesicht anbringen. Bommelfransen über Kreuz legen, ankleben und hoch biegen. Krempe aus gedehnter Stretchwellpappe mit Hilfe einer Schablone schneiden und ebenfalls fixieren. Mütze und Schal mit Pluster-Pen mustern.

Weihnachtsmann

Schachtel und Deckelrand mit roter Bastelfarbe bemalen. Deckel mit beigefarbenem Tonkarton bekleben. Augen zeichnen, Wangen malen. Mütze, Augenbraue, Bommel, Backenbart und Schnurrbart aus Modellierfilz schneiden und auf den Deckel kleben, dabei den Mützenzipfel einschneiden. Krempe aus gedehnter Stretchwellpappe darunter schieben und ebenfalls fixieren. Zum Schluss den Nasenpompon befestigen und die Zipfelmütze mit Kreuzmuster bemalen (Pluster-Pen).

Wichtel-Turnen

Material

- Tonkarton in Beige, Hellblau, Rot, Gold
- Pünktchen-Tonkarton in Rotweiß, Blauweiß
- Streifen-Tonkarton in Rotweiß
- Wellpappe in Gelb, Hellblau
- Stretchwellpappe in Rot
- Holzkugel in Rot, 8 mm ∅
- Goldkordel oder Schnur
- 2 Sternknöpfe in Weiß, 2,5 cm ∅
- 2 Sternknöpfe in Weiß, 1,5 cm ∅

Vorlagen J1 – J2

Anleitung Seite 24

Geschenkanhänger

Material

- Tonkarton in Weiß, Beige, Hellblau, Türkisblau, Dunkelblau, Rosa, Rot, Mittelgrün, Dunkelbraun, Gelb, Gold
- Bast in Orange
- Chenilledraht in Gold
- Holzkugeln in Rot, Dunkelbraun, Natur, 8 mm Ø
- 2 Sternknöpfe in Weiß, 1,5 cm Ø
- 2 Sternknöpfe in Gelb, 1,5 cm Ø
- Filzstift in Schwarz, Rot
- Buntstift in Rot
- Bastelfarbe in Rosa
- Pluster-Pen in Weiß

Vorlagen K1 – K5

1 Alle Bildteile doppelt zuschneiden. Figuren zusammensetzen, Gesichter malen und als Nasen halbe Holzkugeln ankleben. Als Engellocken schmale Kartonstreifen über eine Stricknadel wickeln und seitlich hinterkleben.

2 Für Arme und Beine jeweils 11 cm Chenilledraht abmessen, die Enden zwischen die doppelt geschnittenen Handschuhe und Stiefel kleben und hinten an den Figuren befestigen (evtl. mit Klebefilm sichern). Sternknöpfe anknoten und die Figuren auf der Rückseite gegengleich gestalten. Große Namens-Sterne an den Händen befestigen.

Wichtel-Turnen

Abbildung & Materialangaben Seite 22/23

1 Alle Bildteile, außer Arm- und Beinteilen, doppelt anfertigen. Für Zipfelmützen und Schals zunächst ein Stück Stretchwellpappe dehnen. Für die Schals je einen 1 x 17 cm langen Streifen zuschneiden, die Mützen mit Schablonen arbeiten. Die Wichtelfiguren zusammensetzen. Den Kopf zunächst nur am Halsteil befestigen. Die Gesichter gestalten, Nasen aus halbierten Holzkugeln ankleben. Haare aus Wellpappe und Zipfelmützen ergänzen. Die Schalstreifen verknoten, unter die Kopfkanten schieben und fixieren.

2 Kleine Sternknöpfe anknoten und die Rückseiten gegengleich vervollständigen. Dabei große Sternenknöpfe an Fäden zwischen die Zipfel der Mützen kleben. Die Hände an der Leine befestigen (evtl. verdeckt mit Klebefilm sichern). Goldene Sterne dekorieren.

BEN
LASSE
TORGE
JONTE

Klingender Engel

Material

- Tonkarton in Weiß, Beige, Hellblau, Mittelblau
- Tonpapier in Weiß
- Tortendecke in Mittelblau
- Holzperle in Natur, 8 mm Ø
- 40 cm Atlasband in Blau, 4 mm breit
- Motivlocher: Schneeflocke
- 4 Klangstäbe: 11 cm, 14 cm, 17 cm, 20 cm lang, 7 mm Ø
- Feinlametta in Gold
- Goldfaden
- Filzstift in Schwarz, Rot
- Buntstift in Rot
- Lackstift in Weiß

Vorlage L

1 Alle Bildteile mit Ausnahme der Flügel doppelt zuschneiden. Den Kopf in den Halsschlitz des Kleides stecken und fixieren. Das Gesicht gestalten: Augen, Mund und Sommersprossen zeichnen, Holzperle halbieren und als Nase aufkleben, Wangen malen. Die Ärmel des Kleides falzen und nach vorne klappen. Hände und Füße ergänzen.

2 Aus der blauen Tortendecke einen Kragen schneiden und anbringen. Das Kleid mit blauen Streifen, weißen Locherpunkten und Schneekristallen (Motivlocher) dekorieren. Das Flügelteil befestigen und die Rückseite deckungsgleich gestalten.

3 Für die Haare ein Bündel Goldlametta in der Mitte mit einem Faden zusammenbinden, über die Kopfkante legen, auf Vorder- und Rückseite verteilen und so fixieren. Ein blaues Band um den Kopf binden. Am rechten Fuß die 11 cm und 20 cm langen Klangstäbe, am linken Fuß die 17 cm und 14 cm langen Stäbe befestigen.

Filz-Anhänger

Material

- Bastelfilz in Rot, Weiß, Grün
- Glitter-Paste in Gold, Grün
- Pailletten in Rot, Grün, 6 mm ∅
- Sternpailletten in Gold, 14 mm ∅
- Rocailles in Rot, Grün, 2 mm ∅
- Rocailles in Blau, 4 mm ∅
- Stiftperlen in Grün, 7 mm lang
- Nähnadel, Nähgarn
- Perlennadel
- evtl. Sticktwist in Rot, Grün
- evtl. Nähmaschine
- Füllwatte

Vorlagen M1 - M4

1 Die Motive mit Hilfe von Schablonen und Kreidestift auf roten bzw. grünen Filz übertragen und jeweils doppelt zuschneiden. Dabei einen Rand von etwa 7 mm berücksichtigen.

2 Die Muster vom Vorlagebogen mit goldener Glitter-Paste auf die jeweiligen Motive zeichnen und gut trocknen lassen. Anschließend die Figuren mit Perlen und Pailletten besticken (siehe Foto), dabei eine Perlennadel und passendes Nähgarn verwenden.

3 Dann die doppelten Motivformen entlang der Kreidelinien mit einfachen Vorstichen von Hand (Sticktwist) oder mit der Nähmaschine zusammennähen. Jeweils eine kleine Öffnung lassen (siehe Vorlagebogen), die Motive mit Füllwatte ausstopfen und die Naht schließen. Anschließend den überstehenden Rand gleichmäßig etwas kürzer nachschneiden.

4 Dem Weihnachtsmann beidseitig Nase und Bart aufkleben und mit grüner Glitter-Paste ein Auge malen, ebenso dem Elch. An den markierten Stellen Aufhänger anbringen.

Schneemänner

Material

- Tonkarton in Weiß
- Bastelfilz in Weiß, Orange, Mittelblau, Mittelgrün, Schwarz
- dünner karierter Baumwollstoff in Rotweiß, Blauweiß (35 x 6 cm)
- Chenilledraht in Dunkelbraun
- Füllwatte
- Nähgarn, Nähnadel
- 2 Glöckchen in Rot, 18 mm Ø
- je 4 Knöpfe in Rot, Blau, 13 mm Ø
- Buntstift in Rot
- Pluster-Pen in Schwarz
- 30 cm dünnes Atlasband in Blau, Grün
- Rundholz, 5 mm Ø, ca. 10 cm lang
- Bast in Natur

Vorlagen N1 - N7

1 Körper und Kopf aus weißem Filz doppelt zuschneiden, dabei etwa 5 mm Nahtzugabe berücksichtigen. Die Konturen mit kleinen Steppstichen von Hand oder mit der Maschine auf der linken Seite vornähen. Dabei am Körper für die Arme und am Kopf für die spätere Füllung kleine Öffnungen lassen (siehe Vorlagebogen). Beide Teile auf die rechte Seite drehen.

2 Das Gesicht gestalten: Augen und Mund mit Pluster-Pen zeichnen und gut trocknen lassen. Für die Nase das orangefarbene Filzdreieck (Vorlage N3) zusammenrollen und fixieren. Die Wangen mit Buntstift betonen.

3 Vier Knöpfe an den Bauch des Schneemannes nähen. Die Arme aus Chenilledraht (17 cm lang) durch die Öffnungen ziehen und die Enden zwischen die doppelt geschnittenen Filzhände (Vorlage N4) kleben. Kopf und Körper mit Füllwatte ausstopfen. Den Kopf an der kleinen Öffnung schließen und anschließend mit der Rückseite auf das Halsteil des Körpers nähen (Position siehe Vorlagebogen). Den unteren Rand des Körpers 1 cm breit umklappen und auf das Herz aus Tonkarton als Standfläche in der markierten Position kleben.

4 Für den Hut die Krempe (Vorlage N6) sternförmig einschneiden und über den Kopf ziehen. Das doppelte Kopfstück (Vorlage N7) von links vornähen, nach rechts wenden und auf der Krempe festkleben. Ein schmales Band herumwickeln und daran die Glocke festknoten. Den Schal aus kariertem Baumwollstoff zuschneiden, zusammenrollen und um den Hals binden. Aus Bastfäden und Rundholz einen Besen binden und anbringen.

Impressum

ISBN 3-419-56601-8

Textredaktion:
Ursula Brunn-Steiner, Groß-Gerau

Styling und Fotos:
Roland Krieg, Waldkirch

Layoutentwurf:
Network!, München

Gesamtproduktion:
smp, Freiburg

Satz:
Gisa Bonfig, Freiburg

Druck:
Freiburger Graphische Betriebe

Wir sind für Sie da, wenn Sie Fragen haben.
Und wir interessieren uns für Ihre eigenen Ideen und Anregungen.
Schreiben Sie uns, wir hören gern von Ihnen!
Ihr Christophorus-Team

Verlag Herder GmbH
Christophorus-Verlag
Hermann-Herder-Str. 4
79104 Freiburg
Tel.: 0761/2717-0
Fax: 0761/2717-352
e-mail:
info@christophorus-verlag.de
www.christophorus-verlag.de

Weitere Titel aus dieser Reihe

3-419-56520-8

3-419-56524-0

3-419-56523-2

3-419-56522-4

3-419-556530-5

3-419-56557-7